ツリーハウスで夢をみる
VIVONS PERCHÉS

アラン・ロラン
ダニエル・デュフール 著
ギスラン・アンドレ

二見書房

VIVONS PERCHÉS
by Alain Laurens, Daniel Dufour, Ghislain André et Vincent Thfoin

First published under the title : Vivons perchés

Japanese translation rights arranged with La Martinière Groupe, Paris
through Tuttle-Mori Agency, Inc.,Tokyo

樹上の自由

アランが初めて小屋のデッサンを見せてくれたとき、子供の頃から抱きつづけていた夢がついに叶う日がやってきたのだと、その喜びを抑えることができませんでした。日を追うごとに形となり、その姿を現してくるツリーハウス。幹の周りを巻きながら12mの高さまで伸びていく螺旋階段。ギスランは高い枝から身体を吊るし、慎重に板を一枚ずつ小屋に取り付けていく……。

ランブイエの森で、首を長くして小屋の完成を見守る私は、さながらプレゼントを待ちわびる子供のようでした。そして光栄にも、私の小屋はアランたちの記念すべき第1号として、この本のカバーにもなりました。

ツリーハウスの醍醐味とは、しばしの間、わずらわしい日常生活から隔絶され、秘密の場所で自分の時をもち、夢を見る空間が得られること。

一人用の小さな小屋でもいいでしょう。そこに愛用品と本を持ち込みます。

樹上で過ごす……それは自由を感じ、心地いい静寂に浸れるということ。

私にとって木の家は心のよりどころ。ここに登れば、自分を見つめなおし、新たなインスピレーションを得られるのです。

ヤン・アーサス・ベルトラン

「La Cabane Perchee（樹の上の小屋）」は2000年10月、アラン・ロランにより設立された

ダニエル・デュフール、アラン・ロラン、ギスラン・アンドレ

「さあ、小屋を造るぞ！」という夢のお告げ

「二つの生き方をしたいもんだ」と常々に友人に語っていました。単純に考えても、一つより二つのほうがいいから。

私は半生を、日々消費される有名ブランド品の販売戦略のために世界中を駆け巡る生活を送ってきました。日常的に抱えるストレス、重くのしかかる責任……。第二の人生を始める日はそう遠くないだろうと予感してから、実際にそうなるまでに時間はかかりませんでした。

昼寝をしていたある日のこと、セカンド・ライフの幕開けはやってきました。「さあ、小屋を造るぞ！」という自分の寝言で目が覚めたのです。それは現実のものとなり、その後は楽しいことの連続でした。

ダニエル・デュフールとともに夢の創作にとりかかり、最初の小屋を考案。さっそくデッサンを仕上げたところで、若くて才能豊かな大工、ギスラン・アンドレとの出会い。彼に我々の考えを告げたとき、ギスランは目を大きく見開いて、しばし私の目をじっと見つめたあと、にこりと笑ってうなずきました。

「樹上の小屋でひとときを過ごしたい」と、かねがね思っていた仲間との巡りあいで、心の奥に眠っていた子供の頃の夢を呼び覚ますことができました。

彼らとはたんに小屋を一緒に造るというだけでなく、“ものづくり”の熱い思いを分かちあってきました。話題もバラエティに富んでいます。

この本に収録した小屋たちは、我々が実際にデザインしてこしらえたものです。約50棟の小屋造りの過程において、木に釘を打ち込んだり、枝を切り落としたりもしていません。なかには高床式のピロティも含まれていますが、木に迷惑をかけないように小屋はできるだけ控え目に、樹間に溶け込むように設置することを心がけました。

この本の特徴は、ダニエルの最初のイメージ絵やギスランの設計図など、工夫をこらした製作過程を掲載したことでしょう。とくにダニエルのイメージ絵は、スタッフの創作欲を喚起したものです。しばしば現場の作業では変更を余儀なくされたものの、どの小屋も幹のサイズと枝ぶりに適した工法で造りました。そして、なにも立派なツリーハウスを造らなくとも、簡易な“ツリーテラス”や“ツリーベッド”で森と自然を愉しむこともできるのです。

この本は私の仲間たちの冒険物語であり、依頼人との出逢いの物語でもあります。この本を見ていただければ、ささやかな幸福のひとときと、密かな遊び心を感じとっていただけるはずです。でないと、この作品集を作った意味がなくなりますから。

アラン・ロラン

下絵から抜け出た小屋

場所：リュベロン（南フランス）
木の種類：アレッポ・パイン
高さ：7m
小屋：7.5㎡
テラス：5㎡

これは私たちの樹上のオフィスです。大工のギスランと彼の父親、そして私の3人で下絵をもとに造りました。

実際にできあがった小屋を見上げて、夢がほんとうに叶った！と感無量でした。

これが世界中の読者の目に触れることが分かっていれば、屋根をちゃんと葺いて仕上げたのに……。なんとも不恰好なベニヤ板がむきだしになっています。とはいっても、このオフィスはとても快適です。

まず下見で、ダニエルが小屋をかけるのに適した木を選ぶ。写真に撮り、地面から測量をする。次に、ダニエルはその狂いのない目で小屋の外観と室内を水彩画に描く。こうしてできた企画書をお客さんに見てもらう。気に入ってもらえれば、ギスランが木に登って精密な測定を行う。デザインが決まれば、工房でキット作りに入る。できたら組み立てて微調整をし、解体してトラックに積み込み、現場の木の下へ運ぶ――

ダニエルが最初に描くイメージ絵。森のなかにそびえ立つパイン(松)。“我らがオフィス”は自然のなかに溶け込むような簡素な造りにした。小屋のベースを4本の方杖（斜めの支柱）で受け、階段はテラスの床に差し込んでいる

森の中でもひときわ高い木なので、避雷針を枝の中に隠すように設置してある

突き出し窓にして開放的にし、爽やかな風が吹き抜けるようにした。この小屋は私たちの森のアジトのようなものだから、できるだけシンプルにし、壁は打ち放しのままである

滑車とロープを枝に取り付け、バスケットで食事やアペリティフ（食前酒）を持ち込む

地上12mの書斎

場所：ランブイエの森（パリの南西）
木の種類：カシワ
高さ：12ｍ（小屋）、10ｍ（テラス）
小屋：7㎡
テラス：10㎡

この小屋は初めて注文を受けたツリーハウスです。真冬、雪の降るなか、この現場にいたのは我々３人だけでした。時の経過とともに木の幹の周りにこんな階段が出現しました。その姿はさながら木に巻きつく蛇のよう。誰もが果たし得なかった12mという高い枝に到達。なんだか未知の惑星へ着陸したような気分でした。

テラスと小屋のベースは方杖（ほうづえ：斜めの支柱）で支えてあります。4本の太い枝は壁を貫き、小屋と一緒に成長して伸びたかのようです。招かれもしないのに部屋に押し入ってきた彫像のように、大枝は室内に鎮座しています。その枝の１本に滑車を取り付け、本やワイン、果物を地上からロープで吊り上げるカゴをセットしてみました。

螺旋階段は階下からテラスまでの8mという高さを旋回しながら上昇していく。階段ステップは赤杉を２枚重ねて作った。階段全体を太さ6mmのケーブルで木の幹から吊るし、ゴム・コーティングしたスチールで幹に固定している
（夏のシーンはカバー参照）

初めての注文物件だったので緊張して作った螺旋階段。きれいに幹に添わせるようにし、ステップには滑り止めを入れた

テラスから小屋へと延びる小さな階段

小屋にはデスク、本棚、ダブルベッドが完備。ベッドの下の引き出しの１つに12ボルトのミニ・カーステレオが入っており、これで音楽も楽しめる。電気は屋根に設置されたソーラパネルから供給される

木の上の静かな書斎で一人だけの時間を楽しむ。携帯電話でビールとチーズを注文すれば、地上で誰かがカゴに入れてくれるだろう

タヒチ風の小屋

場所：ラマチュエル（南フランス）
木の種類：海岸マツ
高さ：3.5 m
小屋：6.5㎡
テラス：4㎡

熱帯の大きな庭に建てられたこの小屋は、ラマチュエルの街にほど近い海に面して建っています。小屋のオーナーは元気なおじいさん。なんでもこのご老人、大勢の孫に取り囲まれた喧噪から逃れる避難場所をツリーハウスに求めたとか。それもそのはず。小屋ではお気に入りの音楽と好きな読書で憩いのひとときが得られるからです。

引っ越してからというもの、昼も夜もツリーハウスで静かな時を過ごしているとか。たまに小屋から降りてくるときは、「レース用バイクにまたがって疾走するため」という素敵な方です。

階段とテラスの格子に金属を使用することで、小屋に軽妙感が生まれる

小屋は支柱と方杖で支え、木に負担をかけないようにしてある。この工法なら、ホストツリーが細くてもツリーハウスを気軽に造ることができる

娘たちの小屋

場所：ジュネーブ（スイス）
木の種類：カシワ
高さ：6ｍ
小屋：7㎡
テラス：10㎡

　このカシワの木はユニークです。周辺に仲間の木は見あたらず、1本だけこんな巨木に育ちました。陽の光を求めて競い合うこともなく、すくすくと思いのままに枝を張り、逞しく幹を伸ばしていったのです。その堂々とした太い幹、低いところから放射状に張り出した腕のような枝……ツリーハウスを造ってくれといわんばかり。
　童話に出てきそうな魅力的な木に2棟造り、負荷をかけないように下の小屋は支柱で、上のテラスと小屋は斜めの方杖で支えました。

2つの小屋をテラスでつなげば、ゆったりとした空間が生まれる。4人の娘が自然を楽しみながら学べるように、周囲に生えている木の名前とスケッチを手すりに刻みこんだ

音楽の流れる小屋

場所：スペイン南部
木の種類：コルクガシ
高さ：3.1 m
小屋：7.7 ㎡
テラス：7.5 ㎡

ジブラルタル海峡にほど近い地中海に面したリゾート地に、ピロティ（高床式）を造りました。美しいコルクガシに包まれるようにたたずむこの小屋は、初期に制作した作品の1つです。高さはなくとも、小高い丘に建てれば、充分にツリーハウス気分が味わえます。

景観も大事、この小屋はゴルフ場に見下ろすように建っています。お披露目にはオーケストラを呼び、200人もの友人を招いて盛大なパーティーを催しました。このツリーハウスは手放せなくて、今も私たちが所有しています。

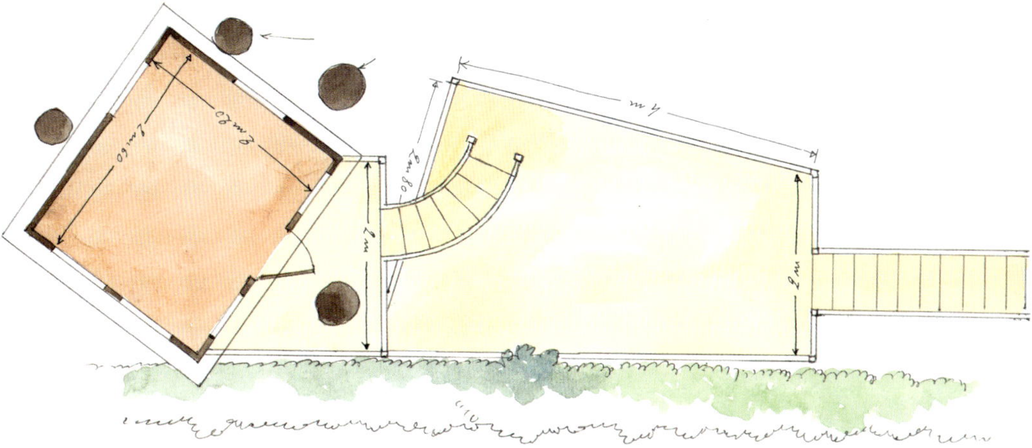

この物件もなるべく木に負担をかけないように柱と支柱でもたせている。２段のテラスを設けて階段でつなげば、開放的な雰囲気が出せる

セザンヌの小屋

場所：エクス・アン・プロヴァンス（南フランス）
木の種類：カシワとセイヨウヒイラギカシ
高さ：5ｍ
小屋：4㎡
テラス：2㎡

　コテージのテラスから延びるブリッジを伝っていくと、カシワの木に造られた簡素なツリーハウスにたどりつきます。日がな一日そこに腰を降ろして周辺の景色を眺めると、正面にそびえるサント・ビクトワール山の姿が望めます。その山容は朝もやのなかにライトグレーに浮かびあがり、黄昏どきに茜色に染まります。
　これは斜面に立つ大木をうまく利用したツリーハウスの一例です。また、小屋と小屋、木と木を長いブリッジや吊り橋でつなぐ見本にもなるでしょう。セザンヌの好きなオーナーに捧げた物件です。

ブリッジをたどってツリーハウスへ。この長いアプローチが樹上の家へ誘う雰囲気を盛り上げてくれる。そして梯子状のステップを昇って小屋へ……

高床式のコテージ1のテラスから斜面に立つ木3までブリッジ6を延ばし、さらにツリーハウス4のホストツリー(主幹）まで延ばす。こうすれば斜面に立つ木を利用することができる。周囲のカシワの木にいっそう溶け込めるように、支えの骨組みや欄干にはユーカリの丸太を用いた

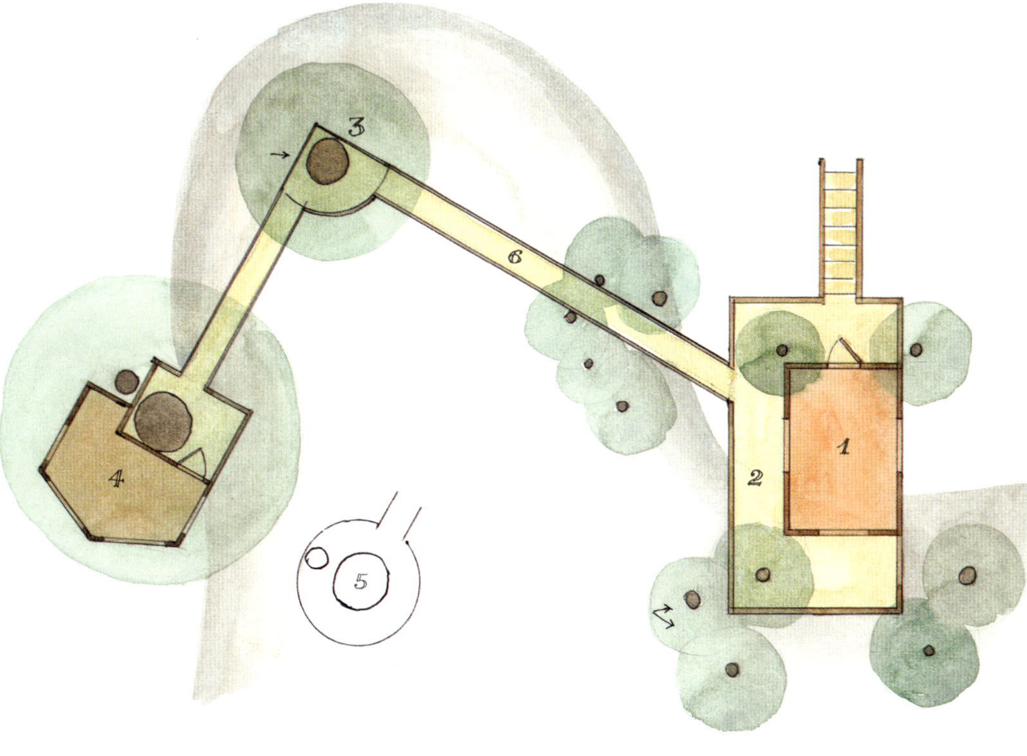

シャンパンの館

場所：ランブイエの森（パリの南西）
木の種類：カシワ
高さ：11ｍ
小屋：10㎡
テラス：3㎡ / 展望エリア：2㎡

私たちが小屋造りで常に心がけていることは、発注者の意向をよく理解することです。つまり、依頼人と夢を分かち合い、その希望に添った世界を創りだすのです。

このオーナーの夢は「眺めのいい小屋にシャンパンを入れた冷蔵庫を」ということで、ランブイエの森に生えたカシワの大木に、高さ11mの小屋を造りました。つまり木の上のシャンパン庫……そこへ誘う螺旋階段。高い展望台から森を一望し、鳥の姿を観察できます。そして夜は美しい星空を……。

テラスから安全柵付きの梯子を昇れば、高さ13mの展望台へ

ツリーハウスを造るホストツリー(主幹)の低いところに枝が複数生えていて、階段を作るのに邪魔になった。そこで思い切って、階段用の木を移植することにした。その幹を中央支柱にして、螺旋階段を設置。樹上の優雅な「シャンパンの館」へは、こんなアプローチがふさわしい。手間はかかったけれど……

展望台への梯子には安全柵を取り付けたので、高所恐怖症の人でも安心して昇れる。もっとも
そんな人はツリーハウスには向かないだろうが

４本の枝が室内を貫通しているため、大工作業は大変だった。かといって、間借りしている木に迷惑をかけたくないので、枝は切り落とせない

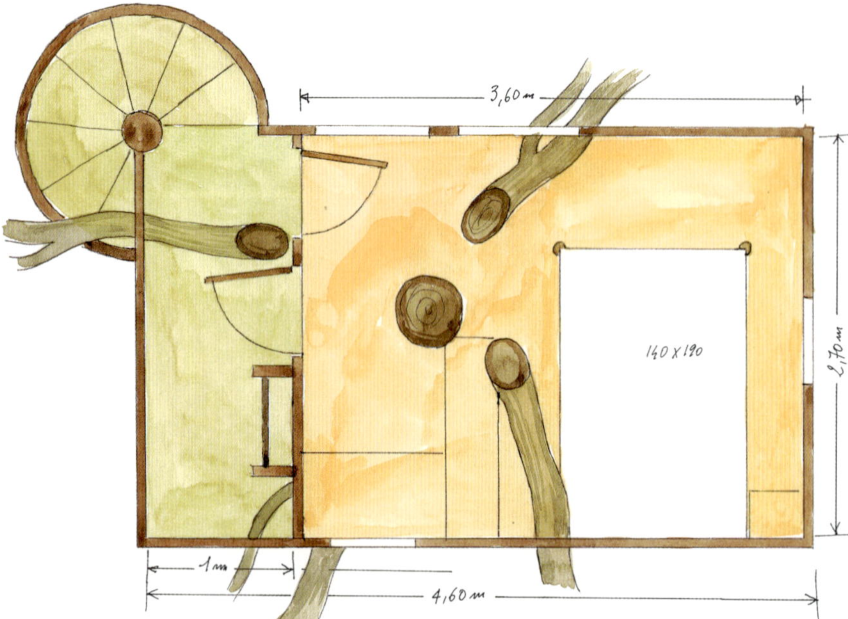

室内に枝が通っていると、なぜか癒される。切らないでよかった。毛皮におおわれた大きなダブルベッド（毛皮は合成で十分）にサウンド・システム、片隅にはオーナーご希望の冷蔵庫を。これでシャンパンのおもてなしの準備は万端。もちろん、完成した日には上等のシャンパンで乾杯した

タイ風の離れ

場所：ノルマンディー（フランス北西部）
木の種類：ブナ (パープルビーチ)
高さ：11m
小屋：7㎡
テラス：12㎡

オードリュー城は、18世紀の美しいお城。70歳のオーナーがそれを快適なお城のホテルに改造しました。白を基調としたたずまいの前庭には、サテンのような木肌の巨大なブナが2本、堂々と立っています。これまで同様、ブナの木には1本の釘も打ち込むことなく、地上11mの高所に小屋を設置しました。

庭園の奥に建つ東屋からヒントを得て作ったこのツリーハウスには、あえてアジアのタイ風な趣を取り込んでみました。「木の上でお茶でもいかがです？」という主人の声が響いています。

11mの高さを昇るためにピロティ式の櫓を3つ作った。櫓にはそれぞれ聖アンドレの十字架のように「X」型の筋交いを入れてある

タイの家屋をかたどった屋根。階段やテラスの欄干にも
東南アジアのデザインを取り込んだ。この樹上のティー
ルームで小鳥のさえずりを聞きながら、お茶をどうぞ！

トリュフ亭

場所：リュベロン（南フランス）
木の種類：アレッポパイン
高さ：8ｍ
小屋：8㎡
テラス：8㎡

　畑の真ん中に立つ１本松。周辺の森にはトリュフが生えます。小屋からは素晴らしい眺望。アルピーユやプロヴァンズの風景が仰げます。この小屋の女主人は、悩みを抱えていました。頼みもしないのにトリフュを勝手に“収穫”されてしまうのです。
　そこで一計を案じた女主人は、「見張り小屋に隠しカメラをセットしたからね」と村中に吹聴してまわりました。効果はてきめん！　噂は広がり、以後の収穫は豊作だったとか。お礼に、我々をトリュフのディナーに招いてくれました。

アプローチは私たちお得意の工法で、支柱木をそばに埋めて螺旋階段を取り付けた

広いテラスへ出る扉。見晴らしのいいテラスからは南フランスののどかな田園風景が一望。朝な夕なに刻々と変化する自然の彩りは、圧巻！

部屋の中央を太い枝が横切っている！
これをまたいで移動するのも一興だ。
小高い丘にツリーハウスを建てれば、
高さがいっそう際立ち、天空に浮いて
いるような気分に浸れる

黄昏どき、女主人は夕陽を眺めながら
お気に入りのワインをグラスに注ぐ。
つまみは、もちろんトリュフでしょう

自然の声を聞く部屋

場所：ファイアンス（南フランス）
木の種類：カシワ
高さ：4m
小屋：6㎡
テラス：6㎡

カシワの大木にもたれかかったこの小屋は、ピロティ（高床式）で建てた最初の小屋です。小屋全体を4本の支柱で支え、木には負荷をかけずに寄り添うようにデザインしました。

ここではコオロギの鳴き声で眠りにつき、朝日とともに目を覚まします。小屋の主は、一家の末娘エレオノール。“王女様”は誰よりも多く自然の声を聞くことができます。

アーチ型の屋根とゆるやかな弧を描く階段で優美さを出したかったが、階段は事情によりこんな形状に。両サイドの窓には真鍮の舷窓をはめこんだ

男の夢の小屋

場所：トゥーロン（南フランス）
木の種類：ヒマラヤ杉
高さ：9m
小屋：8㎡
テラス：5㎡

初めて依頼主と電話で話をしたとき、彼のことを20年前から知っているような気がしました。うちとけた南部訛りの口調、その情熱的な語り口が海から吹く風を思わせるような……それが第一印象でした。

大きなヒマラヤ杉の下で我々を出迎えてくれたのは、白髪まじりの大男でした。執筆するための小屋をこの木の上に造るのが彼の長年の夢だったのです。

ギスランが赤杉材でアーチ状の方杖《ほうづえ》（斜め支柱）を考案したせいで、花びらの上に小屋がちょこんと載っているような効果を生みました。依頼人が旅から戻ると、すでに夢の小屋は完成していました。ギスランに電話をかけてくると、こう言ったそうです。「小屋に上がったら、涙が出てきたよ」。

建具チームが製作
した回転式の窓

木の上の書斎には、執筆に疲れたときにゴロリと横になり、
構想を練ることのできる折りたたみ式ソファーベッドも

曲げ加工を施した方杖は、1本ずつ寸法を測って丹念に作っていく。同じ形はない。こうした技法を用いることで、個々のパーツにユニークな味わいが生まれる

子供たちのアジト

場所：アルプ・ド・オート・プロヴァンス県（フランス南東部）
木の種類：カシワ
高さ：3ｍ
小屋：5㎡
テラス：3㎡

アルプ・ド・オート・プロヴァンス県のなだらかな丘陵地には、小さな集落があります。ベテランの旅人の目には、理想的な“隠れ里”に映ることでしょう。家々の庭にはカシワの木も目立ちます。どっしりとたくましく、ゆったりとした大木は、子供たちの“アジト”を造るにはおあつらえむきでした。

見晴らしのいい冒険小屋には、二段ベッド、テーブル、そしておもちゃ箱も運び込みました。子供たちがここで過ごした最初の夜、木から異様な音がするといって、怖さのあまり家に逃げ帰ったとか……。

小高い丘に恰好の木が立っていた。子供たちの冒険心と夢を育んでくれそうなこのカシワの大樹は、太い幹と枝で小屋を抱いていてくれる。安全面を考えて階段にはゆるやかなカーブをつけ、登りやすくなっている

見晴らしのいい場所にツリーハウスを造ることをお薦めする。よりいい眺望が得られるからだ

この小屋はホストツリーの太い幹にたよってはいるが、それでも２本の支柱で負荷を軽減した。切妻屋根の軒は、木造の小屋の大敵である雨や陽射しから開口部を守ってくれる

吊り下げ小屋

場所：サレーヴ山麓（東フランス）
木の種類：ヨーロッパ クロマツ
高さ：11 m
小屋：20㎡

このヨーロッパ クロマツは立派な幹をもつ40mを越える巨木です。その幹が地上11mに造られた小屋の中心を貫いています。

このツリーハウスには新しい工法を用い、上方の幹に取り付けたケーブルで小屋を吊るすことにしました。一見、なんの補助もなく、木に突き刺さっているように見えますが、地上から見上げると圧巻！

ジュネーブの湖を望む小屋、それに向かって幹の回りをゆったりと螺旋階段が延びています。

屋根の上5m（地上19m）の幹のまわりに、ゴム・コーティングしたベルトを固定。それにケーブルを通して屋根の四方につなぎ、小屋全体を吊っている。これは下から方杖（斜め材）で支えるのとは逆の技法

小屋の全面に窓を取り付け、できるだけ光を取り込んで明るくし、もちろん360度のパノラマ展望が楽しめる

枝の上に載っているように見えるが、幹の上部からケーブルで吊られている

小屋のまん中を貫く太い幹。土台を支える支柱がないので、小屋の真下に螺旋階段をもってくることができた

おじいさんの贈り物

場所：ブルターニュ（フランス北西端）
木の種類：カシワ
高さ：6m
小屋：7㎡
タラップ：6m

完成した日、大きな赤いリボンでこの小屋全体をぐるぐる巻きにし、特大の結び目を作って依頼主に引き渡しました。大きな贈物のようでした。

お孫さんたちがそのリボンを解くと、新しい木の上の遊び場が姿を現しました。

完成祝いのシャンパン・グラスを掲げ、早めの森のクリスマスを楽しみました。

ホストツリーの隣に生えている木を利用しない手はない！　すぐに螺旋階段を作ってブリッジをかけるアイデアが浮かんできた

牛飼いの小屋

場所：ジュネーブ（スイス）
木の種類：カエデ
高さ：4.50 m
小屋：9㎡
テラス：11㎡

依頼主はジュネーブの真ん中に畑を持ち、牛を飼っている農家です。この農場主と私たちは息が合い、この地域の大切な使者となってくれました。小屋へはそばに立つ木に作った螺旋階段を登り、ブリッジを渡って入ります。

木製の屋根瓦（手作りの小さな木の瓦）、テラスの欄干に寄りかかって地上を見下ろせば、牛が草を食んでいる。ジュネーブにいながら、スイスの片田舎を満喫できます。

カエデの複数の幹をテラスに取り込み、支柱と筋交いで小屋のベースを支えた

大木がなくてもツリーハウスは造れる。高くなくても複数の幹と枝をうまく利用すれば、樹間に“緑の館”を浮かばせることができる

工房でカットした小屋の土台部を枝が密生した中にぴたりと組み込むには、正確な形状測定が求められた。ベースがいびつな5角形をしているため、同じ形の壁は一枚もない。壁の高さも勾配もぜんぶ違っている

郊外に咲く花小屋

場所：パリ郊外（東端）
木の種類：セイヨウハシバミ
高さ：3m
小屋：4㎡
テラス：5㎡

パリを見下ろすヴァンセンヌの森のなかに、可愛いちっちゃな家がぽつんと浮かんでいます。この小屋には世界中を旅してまわっている老婦人が住んでいます。

小屋の建築にあたっては 1つ問題がありました。依頼人が目の見えない犬を飼っていて、作業中に庭を散らかすことができなかったのです。犬が物にぶつからないよう現場を片付けながら、ハシバミの花が咲く中に、なんとか“旅の書斎”を造りました。

それからというもの、彼女の詩や旅の手紙、ヘーゼルナッツが入った瓶などが私たちの手元に届けられるようになりました。

入口のドアにはリスの形をした覗き窓を付けてみた。覗くほうも覗かれるほうも、さして嫌な気分はしないだろうと……

小ぶりなハシバミの木に正方形の小屋をきちんと設置するには、何枚もの素描を描かねばならなかった。とくに木と小屋のバランスを保つのはひと苦労だった

ブルターニュの吊り橋

場所：ブルターニュ（フランス北西端）
木の種類：松
高さ：8m
小屋：6㎡
テラス：9㎡

この高見ヤグラに昇るには2通りの方法があります。1つは螺旋階段を4周して登るか、もう1つは長さ36mの吊り橋を渡るか……？

吊り橋が少々揺れるので、スリルを味わいたい方には後者をお勧めします。そしてたどり着いた小屋とテラスは、地上8mの高さにあります。小屋からはブルターニュの入江が眼下に、入り江沿いには美しい漁師町も見渡せます。どんな鈍感な人でもここの夕日を目にすれば、心に熱いものが込み上げてくるでしょう。

亜鉛メッキを施した太さ10mmの鋼鉄製ケーブル4本でフットブリッジを支えている。360枚の板を並べた吊り橋の床は、幅1.5mのステンレス・レールの上に組まれている。この橋を渡る勇気ある客人の安全を確保するため、高さ1mのネットが張られている

テラスからの絶景。丘の斜面を利用して高さを出すという、実験的な作業でもあった

長さ36mの吊り橋を小屋の土台に固定するため、特注の金具を使用。吊り橋を小屋の土台に釘付けするだけでなく、橋の張力に耐えるため、土台をケーブルで地面につないでいる

プラネット・ハウス

場所：アルプ・ドゥ・オート・プロヴァンス（フランス南東部）
木の種類：カシワ
高さ：9ｍ
小屋：12㎡
テラス：10㎡

「カシワの枝に邪魔されることなく天体観測がしたい」という依頼主のために、6本の頑丈な柱で支えた地上9mの高さの展望台を建設！

総ガラス張りの小屋からは、360度の大パノラマが見渡せ、部屋の中央に据えたベッドに寝転がって周辺の村や丘、山々の景色が楽しめます。そして、なんといっても満天の星の夜、望遠鏡を星座に向けて……。

この依頼主からは、さらに娘たちのためにと可愛い小屋を2棟と、峡谷を渡る長さ60mの吊り橋の追加注文がありました。夢のアイデアが尽きることはなさそうです。

手すりには、2キロ先の小さな集落も含め、天文台のまわりの世界が360度描かれている。（根気のいる作業だったが、これは私たちのサービスだった）

六角形のテラスを6本の9mの柱で支えた櫓状の小屋。
階段も6本の柱にかけて木を巡るように設置した

ベッドに寝転びながら星を眺める。こんな贅沢があるだろうか。全面ガラス張りだけれど、プライバシーの心配はなし。ただし、日除けのブラインドは窓の数だけ必要……

樹上テラスの上にさらに展望台、
かなりの高さが体感できる

木のてっぺんに載っかっているような造りだが、木には負担をほとんどかけていない。ツリーハウスはホストツリーがなくとも、木と共生できるという1つの試みでもある

双子の小屋

場所：プロヴァンス（南フランス）
木の種類：カシワ
高さ：5ｍ
小屋：6㎡
テラス：6㎡

依頼主のお子さんは双子の姉妹でした。よって、小屋も2軒になりました。アプローチの階段をまん中にはさみ、2本の木に姉と妹のプライベート小屋を1軒ずつ造りました。

絵本を読んだり、昼寝をしたり、友だちを呼んでままごとをしたり、ときには探検気分でお泊まり会をしたりも……。

子どもにプレゼントするならコンピュータ・ゲームよりも、こっちでしょう！

長いブリッジを宙に吊るためにケーブルを使用。張りをほどよく保つため張力緩和法を用いたことで、木材を減らすことができる

3,50m
7m

プラタナス・デッキ

場所：アヴィニョン（南フランス）
木の種類：プラタナス
高さ：4ｍ
テラス：8㎡

　この庭の統治者は女性造園師です。ガラス張りの大きなアトリエで豊かな自然の姿を想像しては図面を描き、庭の演出を行っています。
　手入れの行き届いた彼女の広大な庭は、見飽きることのないギャラリーのようです。大きなプラタナスの木に載せたテラスは、登るだけで爽快ですが、さらに、目を見張る庭を眺望できます。

いつものようにダニエルのデッサン通りに忠実に造られていった

テラスを作ってくれといわんばかりのプラタナスのがっしりした腕木。“甲板の愉しみ”を味わうために、小屋はあえて造らなかった

螺旋階段の手すりは錬鉄製。ステップのサイドを材木で覆った

禅の小屋

場所：アルピーユ（南フランス）
木の種類・プラタナス
高さ：4ｍ
小屋：6㎡
テラス：10㎡

2本のプラタナスの木のまん中にピロティ式で造ったこの小屋のテラスからは、たおやかなアルピーユ山脈を独り占めできます。葦の中にその脚をうずめる小屋は、宙にふんわりと浮かんでいるようです。

アプローチの階段脇に竹をあしらって日本風に。風の音しか聞こえない静寂の空間。この簡素な小屋にこもってオーナーは座禅を組んでいるのかもしれない……

天空の仕事部屋

場所：ブルターニュ（フランス北西端）
木の種類：イトスギ
高さ：13m
小屋：11㎡
テラス：6㎡

みごとに繁ったイトスギのなかにそびえる、地上13mの書斎。その美しさと高さこそ、まさしく樹上の家！　2本の巨木にかけられた小屋のテラスからは海と村が一望できます。ここは仕事部屋。オーナーは螺旋階段をめまいをおぼえながら58段登り、13mの高さに達します。

テラスでひと休みし、夕日や月を眺めてから執筆にとりかかるとか。

この小屋には6年間の知識をすべて注ぎ込んだ。幹に添ってまっすぐ延びる螺旋階段と、2本のホストツリーの間に設置した小屋は、私たちの知識の結晶

よく繁った2本の巨木、その間に潜り込んでの細かい作業。
枯れた枝もあり、この小屋造りは困難を極めた

立派な書斎になった。本や書類がたくさん収められる棚、ベッドにもなるソファ……
この快適な空間の内装は、建具チームがとりわけ念入りに取り組んだ

目のくらむ隠れ家

場所：ニース郊外（南フランス）
木の種類：カイガンショウ
高さ：12m
小屋：6㎡
テラス：8㎡

　この大きな老木は数百年ものあいだ、オリーブ畑を見下ろしてきました。周りの牧場では放し飼いにされたロバたちが草を食んでいます。この巨木の高所に小さな小屋をかけました。依頼主だけの隠れ家です。

　螺旋階段を5回転して登り、目のくらむようなテラスからは、周辺の村落と山並みが一望できます。

　太い幹が床を貫いているため、その間をすり抜けて小屋に入ります。部屋には何もありません。心地よい風が吹き渡るだけです。一夜をここで明かしたなら、さぞかし目覚めもいいでしょう。

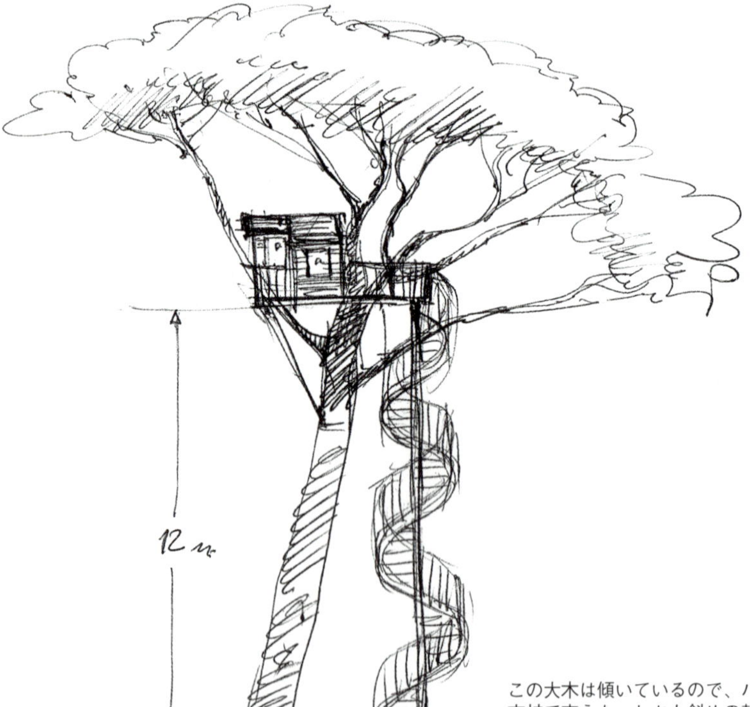

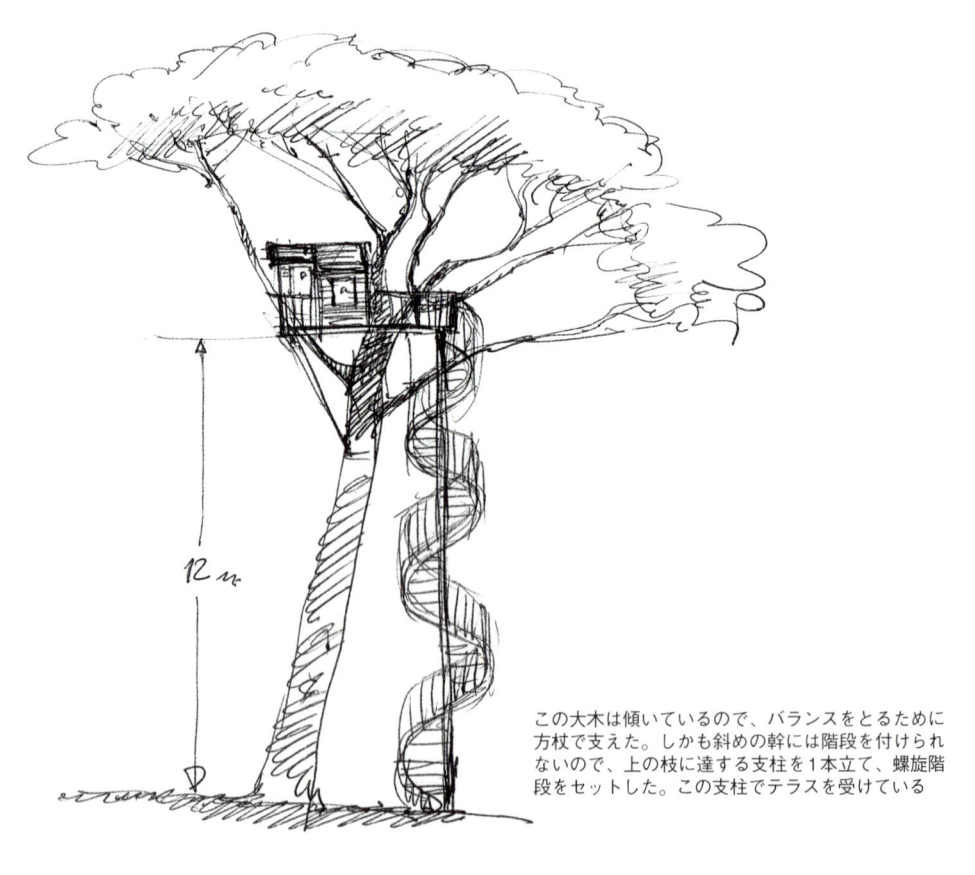

この大木は傾いているので、バランスをとるために方杖で支えた。しかも斜めの幹には階段を付けられないので、上の枝に達する支柱を1本立て、螺旋階段をセットした。この支柱でテラスを受けている

小屋のベースは6本の方杖で支えている。階段の支柱と
螺旋階段は、ステップ2段ごとに筋交いで補強してある

庭園の管理小屋

場所：アルピーユ（南フランス）
木の種類：カシワ
高さ：5m
小屋：9㎡
テラス：12㎡

色とりどりの花が咲き乱れ、いろんな果実が実る庭……。でも1つだけ、この楽園にないものがありました。それはこの庭園を見守る管理小屋です。そこで庭を歩き回ってみると、絶好の場所に大きなカシワの木が……。造った管理小屋の高さは5mですが、そのテラスからは庭全体が見渡せて、おまけに遠くの山まで展望できました。

木を傷めず庭園の雰囲気に溶け込むよう、アーチ状の優美な支柱で小屋本体を支えるようにデザインした

庭の子供部屋

場所：ジュネーブ（スイス）
木の種類：マロニエ
高さ：5ｍ
小屋：11㎡
テラス：13㎡

ジュネーブにある「ラ・レゼルヴ」は村一番の美しいホテルです。子供たちにとっても快適に過ごせる場所なので、マロニエの大樹に子供専用ツリーハウスを。冒険ごっこや本を読んだり、昼寝をしたり、ときには樹林を抜けるブリッジを散歩したり……遊びがたっぷりつまったコースを満喫できます。目下、ヒマラヤスギの巨木に、大人用の小屋を１軒計画中です。もちろん“5つ星”級です。

船のデッキをイメージしたテラス。その下に、
設計段階では考えていなかったアールデコ風の
優美な曲線を生かした筋交いを入れてみた

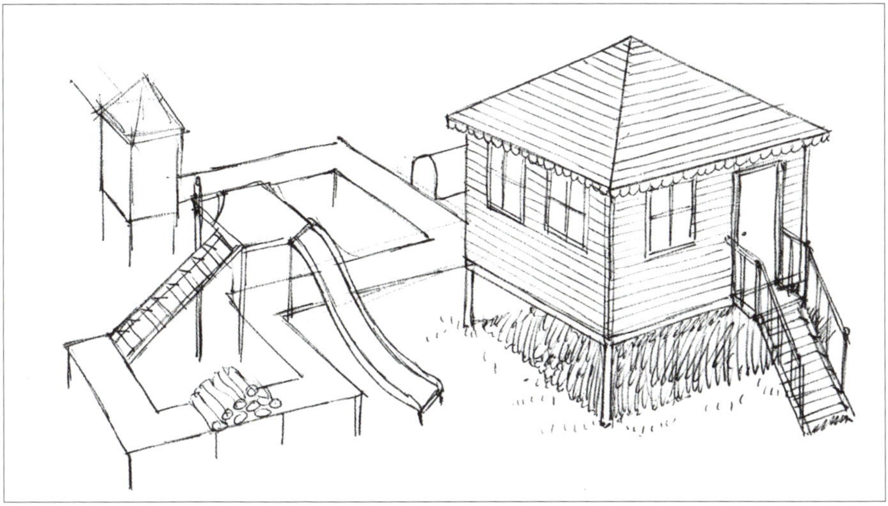

小屋の下には「遊びの空間」を設けた。私たちも童心に返って、階段、吊り橋、
トンネル、滑り台をブリッジでつなぎ、マロニエの小屋のまわりに配した

シャトーブリアンの小屋

場所：パリ近郊
ピロティの高さ：3ｍ
小屋：11㎡
テラス：8㎡

　シャトネ＝マラブリーにあるヴァル・オ・ルの樹木園はすばらしい公園です。ここには珍しい巨木がたくさん茂っていて、手入れも行き届いている。小川の流れる静寂のなか、訪れた人は庭と一体化することができます。
　この庭の片隅に建てられた小屋は、いわゆるツリーハウスではありません。ホストツリーはなく、室内を幹が貫くようにデザインしました。これも1つの“ツリーハウス”だと私たちは考えています。要は、「いかに木たちと共生するか？」なのですから。ここはシャトーブリアンの『墓のかなたからの回想』を読み返したくなる空間です。

屋根にはエゾマツのウロコ材を葺いて、防水性を確保した

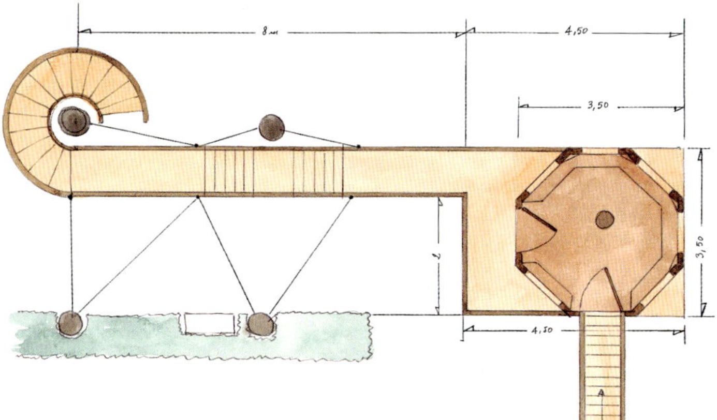

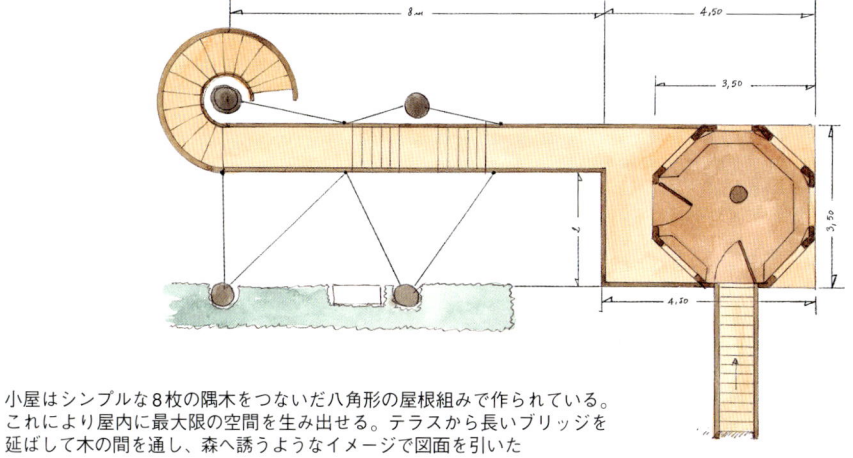

小屋はシンプルな8枚の隅木をつないだ八角形の屋根組みで作られている。これにより屋内に最大限の空間を生み出せる。テラスから長いブリッジを延ばして木の間を通し、森へ誘うようなイメージで図面を引いた

窓から緑が入ってくる。8面の壁にすべて突き出し窓を取り付け、8種の葉っぱをかたどった覗き穴を開けてみた

bois de Lune

鹿の声が聞こえる小屋

場所：ランブイエの森（パリ近郊）
木の種類：カシワ
高さ：8ｍ
小屋：8㎡
テラス：9㎡

　森には鹿が棲んでいるので、大工仕事で彼らの恋路を邪魔することはご法度！　そこで、鹿の発情期が終わるのを待って、カシワの木に登り作業を開始。その間、鹿たちはこちらの様子を遠くから眺めていましたが、完成すると小屋にも慣れ、以前のように木の下までやってきて穏やかな時を過ごすようになりました。
　森に静寂が戻り、小屋で彼らの鳴き声に耳を傾けている人がいようとは、鹿たちは想像だにしないでしょう。

木の枝ぶりに合わせて、ベースの位置を設定。足場を組み、まず小屋を支える骨組みを作る。ベースを支える方杖（左）は木の又を利用する。ゴム・コーティングした三つ又のチェーンを幹に巻き、受け具に差し込んでとめる。この工法だと、小屋の荷重がまっすぐ地面方向へかかり、枝に負担をかけないですむ

幹と枝を床材の間に通しながらベースを組んでいく

この小屋の場合、5本の枝が床を突き抜けている

ベースの接合部をボルトでしっかりとめる

高所で作業するときにはハーネスを装着する

水平なベースを作ってから床材を張る

いよいよ小屋の建設。骨組みや壁材は地上で作って、運び上げて組み立てる。最後にテラスに手すりを付け、屋根を葺いていく

階段をテラスに延ばし手すりと柵を取り付ける

まもなく完成。熱いコーヒーでひと休み

海を望むテラスハウス

場所：サン・ポール・ドゥ・ヴァンス（南フランス）
木の種類：カシワ
高さ：4ｍ
小屋：6㎡
テラス：10㎡

小屋が造れるほどの大きな木がない場合には、支柱を多用したピロティ式を採用します。テラスに何本か木の幹を通し、木立のなかに溶け込むようなたたずまい、かつ、アラベスク風なデザインにしてみました。遠くに海を臨むカシワの木立に包まれた小屋。

これをクリスマス・プレゼントとして受けとったのはオーナーのお孫さんでした。

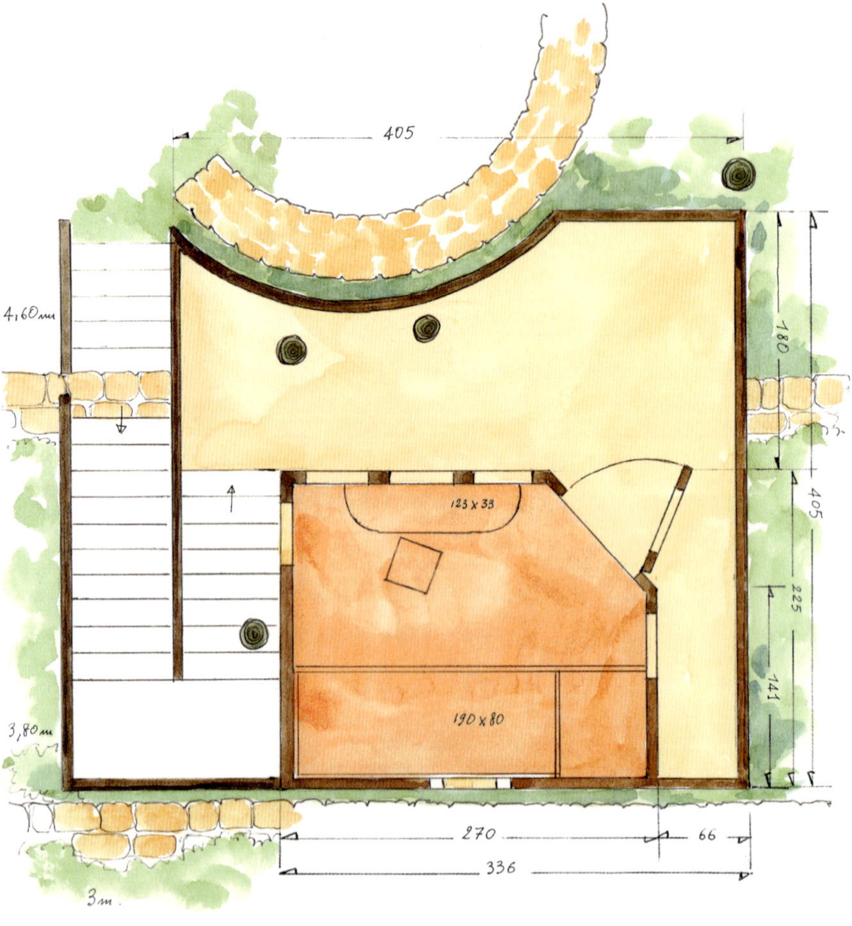

周囲の環境からヒントを得るのはいつものことながら面白いもの。
テラスの丸い手すりは、その下にあるアーチ状の石垣から着想した

地中海をイメージして支柱やテラスに
曲線を用いたデザインを取り込んだ

森のゲストハウス

場所：オバーニュ（南フランス）
木の種類：プラタナス
高さ：5ｍ
小屋：18㎡
テラス：5㎡

4〜5人のゲストを快適にもてなし、かつ樹齢100年の木立を満喫してもらうには？　その答えは木立の中に泊まってもらえばいいのです。プラタナスの巨木、その太い枝の中にすっぽりとおさまった小屋……。心地いいベッドと緑の見える浴室、そして風の音が聞こえるテラス。鳥のさえずりに囲まれて、心地いい数日間をお過ごしください。

プラタナスの太い幹が邪魔になるので高い位置に小屋を設置した。この小屋は私たちが造った初のメゾネット・タイプ

模型からできた書斎

場所：リュベロン（南フランス）
木の種類：カシワ
高さ：7ｍ
小屋：6㎡
テラス：4㎡

　子供のころ、秘密基地や隠れ家を造ったことのある人……その夢の実現を手伝いに、ここリュベロンにやってきました。ときに依頼人に簡単なデッサンを描いてもらい、ヒントを得ることもあります。
　プロバンスをこよなく愛すベルギー人の依頼人は、自ら小屋の模型を作っていました。カシワの木に高く設置した小屋の周りにテラスを巡らし、村を一望できるので見張り小屋といった趣です。
　オーナーはこの書斎にこもり、コーヒーを飲みながら何時間も仕事にいそしんでいます。

斜面にかけたブリッジを渡って小屋に入っていく。傾斜を利用したツリーハウス

高台に立つ木を選べば、眺望は約束されている。村を見渡し、その彼方には山並みが望める……。オーナーは週末にこの書斎にこもり、一人の時間を過ごすという

斜面を利用したアプローチ。螺旋階段ではないのでブリッジさえ渡せば作業はわりに楽である

オーナーが作ったイメージ模型。これから少しヒントをもらった

少年期の夢の砦《とりで》

場所：ランブイエの森（パリ近郊）
木の種類：カシの木
高さ：4ｍ
小屋：6㎡
テラス：13㎡

『三銃士』やロビンソン一家の冒険物語が少年期の心に宿した夢……。これを引きずって大人になった人が、ある日、大きな木を見上げ、「これに、小屋をかけてみようか？」とツリーハウスに想い到る。

この美しいカシの木を見上げたオーナーもその一人です。「シンプルな隠れ家を！」の依頼に、垂直な梯子を登って潜り込む小屋をかけてみました。

小屋のベースを地面から直接、方杖（斜め支柱）で支えてみた

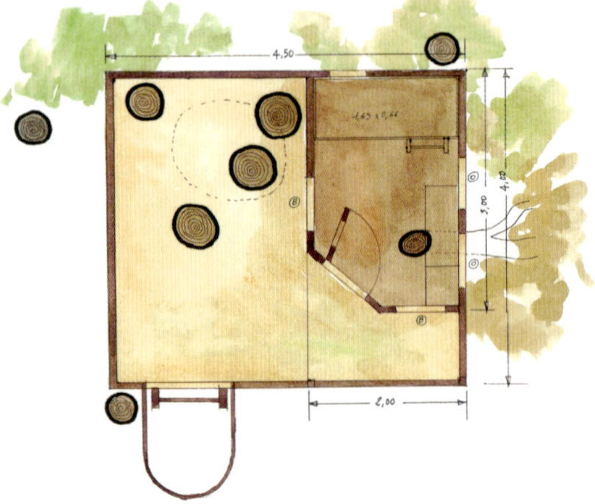

砦の入口は小さな扉に。枝が多いので巧みによけながら図面を描いた。部屋の奥には2段ベッドを設けた。雨対策も考えて屋根を延ばし、大きめの庇（ひさし）を作った

庇からカゴを吊るして食料や荷物を運び込めば便利。テラスへ登る梯子には子供の利用も考えてガードを取り付けた

人間巣箱

場所：パリ近郊
木の種類：マロニエ
高さ：3m
小屋：6㎡
テラス：6㎡

　隣の木に螺旋階段をかけて、小屋へはブリッジをたどって入ります。公園の木を傷めないように配慮したツリーハウスの一例で、幹と枝はテラスの床を突き抜けています。小屋はマロニエの木にかけられた大きな鳥の巣箱のようです。

隣の木を巻く階段、6mの頑丈なブリッジ。小屋を優雅に見せるアーチ状の方杖はベイスギの頑丈な集成材を使用。そしてマロニエの幹には本物の巣箱もかけた

ベンチは使わないときには折り畳む。
小屋のてっぺんにはリスの飾りを

恋人たちの小屋

場所：ラ・クロワ・ヴァルメール（南フランス）
木の種類：セイヨウヒイラギカシ
高さ：9m
小屋：16㎡
テラス：15㎡

恋人たちにお勧めの「ホテル・シャトー・ヴァルメール」。木の上に造られた最初の4つ星の小屋です。9mの木の上に造られているものの、豪華ホテルの快適さを満喫できます。心地いい大きなベッド、ホテルの女主人が選んだ可愛らしい家具、バスルームも完備されています。

すっぽりと木に覆われ、大きな枝が張り出すテラスの木陰では昼近くまで朝食をとることができます。愛を告白する場所として、ハネムーンをスタートする場所として、ここは最適な場所です。

こんな本格的なツリーハウスが造れたのは、この木のみごとさとゴム・コーティングされたスチール製ベルトのおかげ。大きな小屋の土台を支える8本の方杖を、調節可能なベルトが受けている

巨木に豪華なホテルを造ることができた。
壁は断熱加工が施し、窓ガラスは二重に

“地上9mで味わう豪華ホテル”にふさわしい落ち着いた雰囲気と快適な居住性。水の供給と排水パイプ、電気のケーブル、電話線などは、すべて木の幹の間や床下に埋め込んで隠してある。バスルームもゆったりと広く、長期滞在にも適した造りになっている

階段のない小屋

場所：ソローニュ（フランス中部）
木の種類：カシワ
高さ：9ｍ
小屋：12㎡
テラス：14㎡

小屋にいるときは、誰からも邪魔されたくないもの。物思いや空想にふける時間や、愛する人と過ごす大切なひとときを、不意の客や闖入者に乱されたくないでしょう。

そこで考えたのがエレベーターです。この木製エレベーターはゆっくりと上昇し、テラスの床蓋をそっと押し上げて、静かに到着します。ツリーハウスを造ってくれと言わんばかりのカシワの木にめぐりあい、眺めているうちに、ふと階段なしのアイデアが浮かんできました。

「エレベーターで到着！」の状態

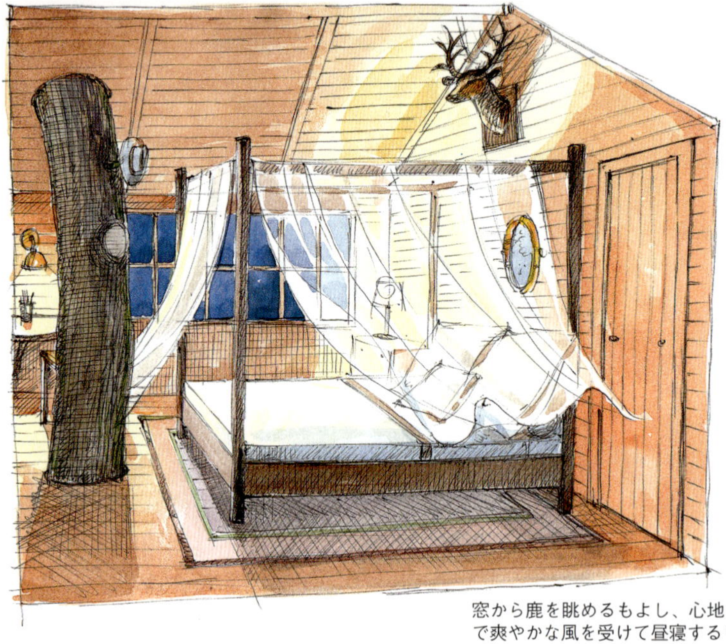

窓から鹿を眺めるもよし、心地よい天蓋ベッドで爽やかな風を受けて昼寝するもよし……

小道具作りの名人が作った木製エレベーター。キャビンの高さは209cm

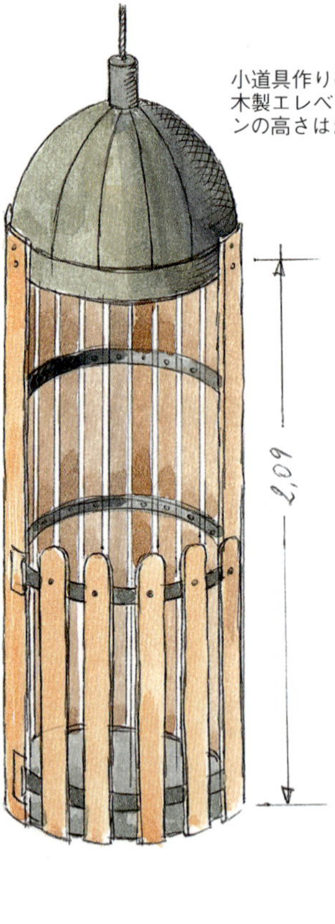

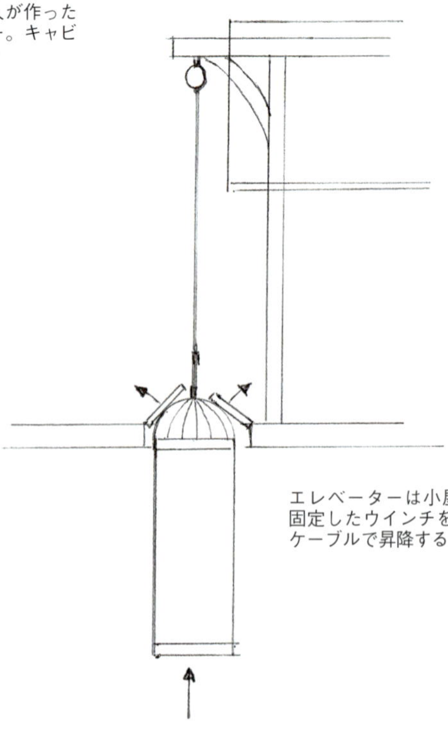

エレベーターは小屋の梁に固定したウインチを操作し、ケーブルで昇降する

幹も枝もいっさい切断することなく、45㎡ものベースをぴたりと設置させるために、6本の幹の間隔を精密に計測。これはかなり厄介な作業となった

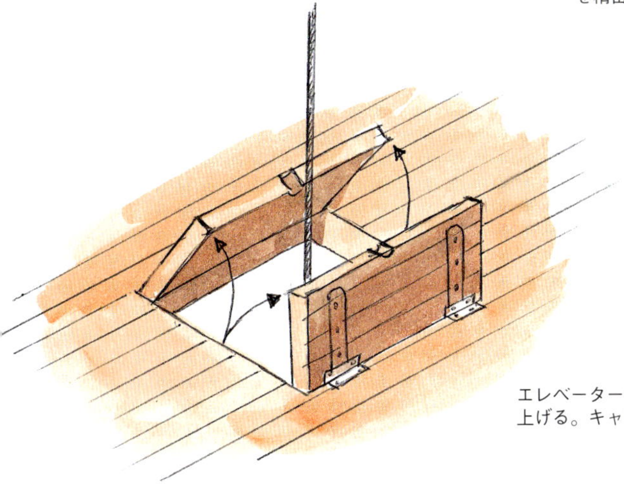

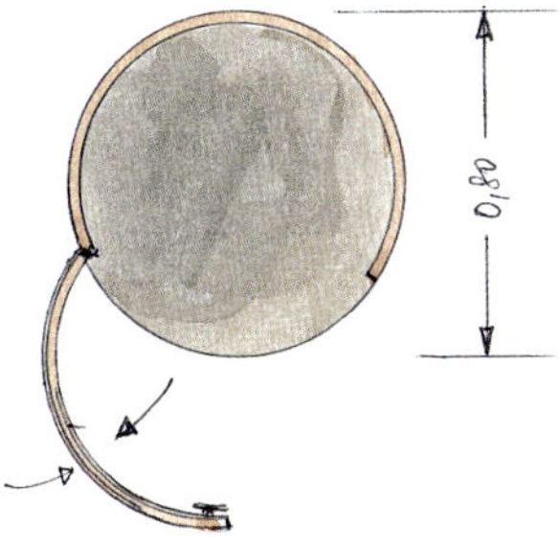

エレベーターは上昇すると丸い屋根がテラスの床蓋を押し上げる。キャビン（直径80㎝）の出入りはもちろん手動

みんなの小屋

場所：ニース郊外（南フランス）
木の種類：カシワ
高さ：4ｍ
小屋：6㎡
テラス：10㎡

子供や孫のために小屋を依頼される方は、よくこんなことを言われます。「ベッドは大きめに作っておいてください。先のことはどうなるかわからないし……」とか、「いろんな用途に使えるようにしておいて。そのうち……」と。

つまり、しばしば子供と大人で小屋の取りあいをするケースがあるのです。家族で小屋の使用日を予約し、子供たちが羨ましげに見上げるかたわら、親たちが友人を招待して樹上のホームパーティーに興じる姿をよく見かけます。それはツリーハウス・ビルダーにとって、理想的な使われ方です。

屋根は四角いピラミッド型、すべて突き出し窓にして、
食べ物や飲み物が並べられるように棚をセットした

扉の覗き窓はカエデをデザインしてみた。野次馬（大人であったり、子供であったりする）をシャットアウトするため、テラスに通じる階段を揚戸でふさぐこともできる

緑に包まれる小屋

場所：ラ・ガルデ・フレネ（南フランス）
木の種類：カシワ
高さ：8ｍ
小屋：8㎡
テラス：8㎡

　がっしりと逞しいカシワの木……太い幹とその枝ぶり、小屋をかけるホストツリーとして理想的な樹容でした。そこで腕によりをかけた螺旋階段の作業にかかったものの、低いところにある枝に苦戦して、かなり手こずりました。
　木を傷めないように枝を避けながら、できてみれば蛇のように巻きついていました。小屋は思ったとおり、小屋は緑豊かな梢の中におさまり、やがて生い繁る葉のなかに、すっぽりと隠れてしまうでしょう。

幹の周りを蛇行して枝を縫って延びる階段をたどって、「人間巣箱」へ……

テラスと階段の格子はユーカリの
小さな幹を縦に割って作った

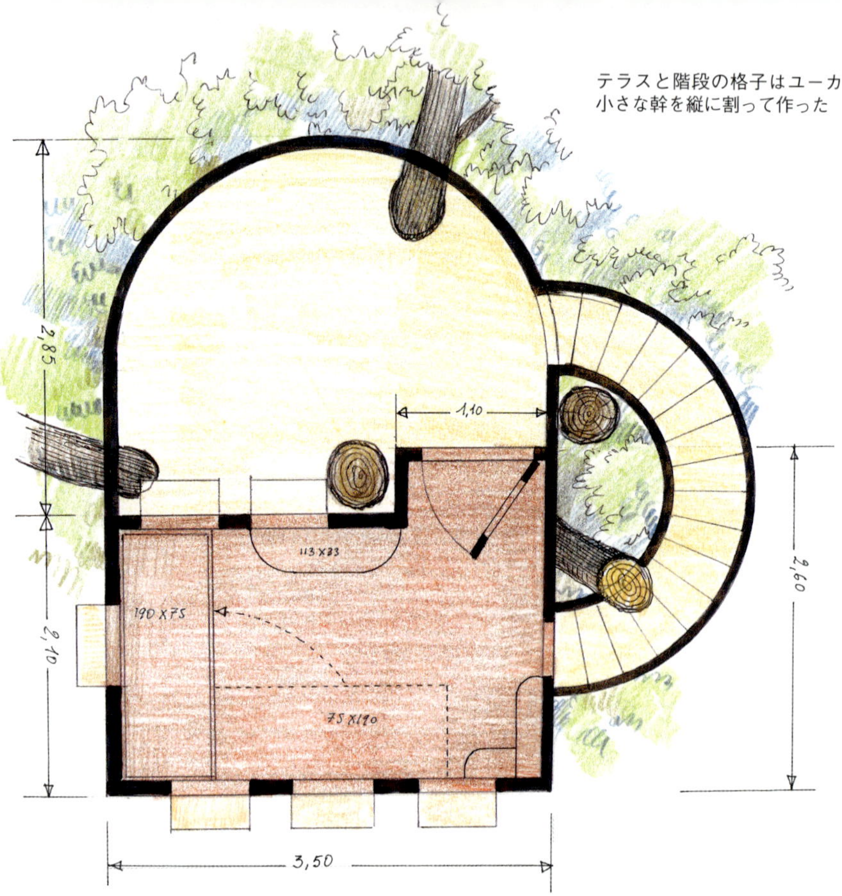

ほどよい居住空間と広めのテラス、
そして枝のバランス……。私たち
の自慢の作品と言っていい

枝を一本も切り落とさずに、小屋を溶け込ませた好例。可能にしたのは、木のなかで長い時間をかけ、正確な採寸を取ることができたため。そして工房で何度も試作し組み立てた小屋が、木の上にぴたっと収まった

船室風のゲストルーム

場所：サン・ポール・ド・ヴァンス（南フランス）
高さ：5m（ピロティ）
小屋：17㎡
テラス：10㎡

「小屋で一晩過ごしてみたい」。そんな夢を多くの人が抱いています。ここ数年間にもらった何百もの電話から、客人用の小屋を思いつきました。これはツリーハウスではありませんが、とても評判がよくて追加で３軒も造りました。

背後には森が迫り、目の前には湖が広がっています。わずかなスペースを利用して、草木で濾過された自然のプールの上に突き出るように建っています。

テラスに出れば、船の舳先《へさき》に立っているような気分に……。

水際までの急な斜面を利用して建てたピロティ式のゲストルーム。きわめて緻密な図面だったが、大きな部屋を１つと浴室、そして広いテラスを設けることができた。狭い土地、難しい立地条件でも、工夫次第で自然に溶け込む“緑陰の小屋”を造ることができる

テラスの眼下に広がる湖。斜面に建っているとは思えないほど広い居住空間を得られた。大きなベッドを２つ、船室風のシャワールームとトイレを設置

緑陰の書斎

場所：カンヌ（南フランス）
木の種類：カシワ
高さ：4m
小屋：6㎡
テラス：7㎡

幹と枝が小さな小屋とベランダを縫うように、自由に延びています。まさに木と共生しているツリーハウスです。オーナーは建築家です。南向きにベランダを設け、緑陰に快適なスペースをとり、パノラマ展望を得ることを希望されました。

完成するとすぐに、静かに読書をするための肘掛け椅子と、星を観察するための望遠鏡が据えられました。

部屋とテラスを縦横に走る枝、その成長
に合わせて小屋の微調整が必要だろう

旅気分の山小屋

場所：プロヴァンス（南フランス）
高さ：5m
小屋：11㎡
テラス：11㎡

　これは木に頼っていない地上5mのピロティです。オーナーは根っからの旅好き。日常生活でも旅気分を味わっていたいのでこの小屋を求め、自然を愛し、徹底したエコロジストでもあります。この空間があまりに快適なため、近くにある自宅を留守にしがちだとか。
　小屋のスペースと同じ広さの半円形のテラスからは、みごとな眺望が得られ、満天の星の夜には宇宙に吸い込まれそうになるようです。

この小屋に防寒対策は施されていないが、厚い掛け布団があれば冬の夜もしのげるという。オーナーは簡素な山小屋でサバイバル気分を味わいたいとか

親子で遊ぶメゾネット

場所：ノルマンディー（フランス北西部）
高さ：3m
小屋：32m^2（2階部分）
テラス：13m^2

　これもいわゆるツリーハウスではなく、森の中の空間に建てられたピロティです。ベランダの下を乗馬を楽しむ人が通り過ぎていきます。当初は子供と将来の孫のために建てたものですが、両親はやがて2階に自分たちの寝室を作りました。

　目下、ロッジの周りに未来の庭造りが進行中です。子供たちがデザインして、両親がノートパソコンでプランを具体化していくという共同制作です。

2階の寝室へは梯子で登る

高床式の2階建てにより木と同様の高さを出せる

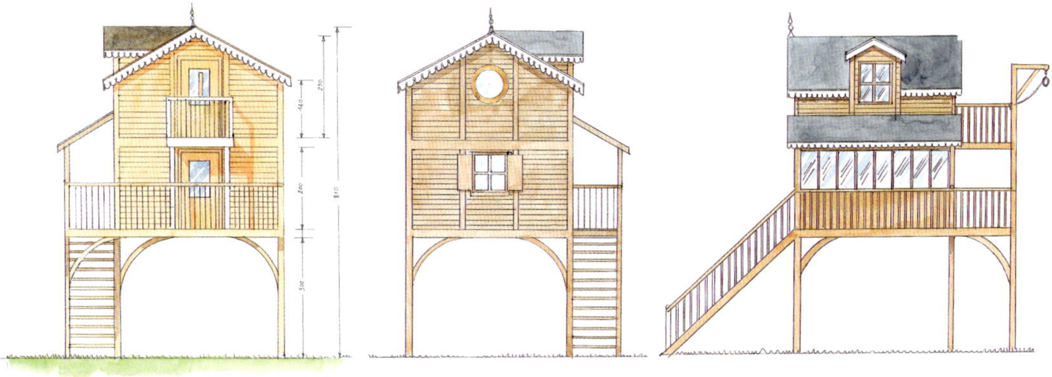

鴨のくる小屋

場所：ランブイエの森（パリ近郊）
木の種類：松
高さ：4m
小屋：6㎡
テラス：5㎡

池のほとりに、幹が二股に分かれた太い松……。この木の地上4mの高さに、子供部屋が造られています。きわめてシンプルな造りで、ベースを８本の方杖で支えています。小屋は森のなかにひっそりとたたずみ、ときに鹿や野うさぎがテラスの下を横切ります。鴨が池に浮かぶ季節になると、エピナール版画のような幻想的な光景が広がります。

池に降りていくような急な階段。
子供の安全を考えて扉を2つ設置

物見櫓《やぐら》

場所：アルピーユ（南フランス）
高さ：8m
テラス：12㎡

　修道院を取り巻く塀の上に、遊び心で見晴らし台のような物見櫓を造ってみました。14mの櫓のてっぺんには、旅人の目印になるような色鮮やかな旗がひるがえっています。大工にとって複雑な小屋を造ることは建築の勉強になりますが、こんな一風変わったモニュメントもデザインの冒険のまたとないチャンスです。
　歳月が経つにつれ木材は銀灰色となり、壁と同じ色合いを帯びます。何世紀も前から敵の襲来を知らせてきた見張りの櫓に見えるかもしれません。

この櫓を造るにあたり、施工図面から木材の墨付けや切断まで、かなりの準備を要した。あらかじめ工房で組立てておけば、現場での設置がスムースにいく

家族のロッジ

場所：サン・ポール・ドゥ・ヴァンス（南フランス）
高さ：5ｍ
小屋：17㎡
テラス：10㎡

　この小屋はファミリーが楽しいひとときを過ごせるホテルのロッジ。大きい小屋は親たちが使い、小さい方は子供たち用。ここなら、親子がそれぞれバカンスをエンジョイできそうです。

　２つのロッジはテラスから延びるブリッジで繋がっています。夜、大人は静かな時を過ごし、子供たちはアドベンチャーを満喫する、というわけです。

宇宙カプセル

場所：サン・トロペ（南フランス）
木の種類：カサマツ
高さ：7ｍ
小屋：6㎡
テラス：6㎡

松の木に取り付けた宇宙カプセルのような小屋は、もっぱら子供たち専用です。それが一風変わっていても、子供はすぐに馴染んでわがもの顔でいろんな遊びを思いつきます。ここに登れば、天空に浮かぶ城……。自立心と想像力が養われることを願って造りました。

サン・トロペ湾を見下ろす松林の中に建っている。子供たちの冒険心をくすぐる梯子

前面は総ガラス張り。壁のすべてに突き出し窓を付け、のぞき穴は動物と植物をかたどった

クライミング・コテッジ

場所：シャンパーニュ・アルデンヌ地方（フランス北東部）
木の種類：カシの木
高さ：9m
小屋：7㎡
テラス：3㎡

木登りやロック・クライミングが好きな人にお勧めのアクセスを考案しました。高所恐怖症の人は、一生この小屋にはたどり着けないでしょう。ただし、いちおうの安全策をとり、梯子の途中からステンレス製の半円状の保護柵を付けました。

9mを一気に登れば、シャンパーニュの美しい田園風景が見渡せます。シンプルなこの小屋はレンタルでき、どんな利用法も可だとか。

梯子の途中にゲートを取り付け、好ましからざる訪問者をシャットアウト！

牧場に立つ小屋

場所：ブルターニュ（フランス北西端）
木の種類：クルミの木
高さ：3.20 m
小屋：26㎡
テラス：13.50㎡

ブルターニュの中央部にあるこの美しい農場では、主にペルシュ馬を育てています。その一角にこんもりとした森があり、家族4人が快適に泊まれるロッジが建っています。2本のクルミの木を取り込んだテラスで食べる朝食は、いつも美味しい田舎の味です。鶏の鳴き声で目覚めるもよし、ごろごろと朝寝坊するもよし……。

ロッジ本体は支柱で受けている。双子のように二股に
分かれた2本のクルミの木を利用した“ツリーテラス”

岩屋のお宿

場所：ブルターニュ（フランス北西端）
高さ：7ｍ
小屋：12㎡
テラス：6㎡

　ブルターニュ名物といえば、風車と清流、そしてこの奇岩の上に建つ小屋？　人を寄せつけないこの岩の塊に、まさか小屋を造ることになろうとは……。わずかな岩のテラスを見つけたものの、さて、どこからアプローチしようかと仲間と議論を交わしました。

　結局、大岩をぐるりとめぐって、岸壁に添ってフットブリッジを渡すことに……。小屋とテラスのベースを支える支柱を岩の凹みにはめこんで、朝日を拝むように設置できました。

　かくして、ブルターニュの新たな名物が誕生し、テラスで祝杯を挙げ、ブロンの美味しい牡蠣に舌鼓を打ちました。

岩屋の下には池！　岩をぐるりとめぐるブリッジと小屋は、ボルトを用いて花崗岩に固定した。「物好きな大工さん」と何度いわれたことか……

樹上のキャビン

場所：ソローニュ（フランス中部）
木の種類：カシの木
高さ：9ｍ
小屋：8㎡
テラス：10㎡

　広い私有地のなかに、ほとんど人の手が入っていない森があります。そのなかにそびえるカシの木を見たら、小屋をかけずにはいられなくなります。おまけに、このみごとな木は美しい池に面し、鴨やいろんな水鳥がやってきます。

　絶好の立地条件と名木に恵まれ、腕によりをかけました。木に負荷をかけないように太い柱を１本だけ立て、小屋と階段を同時に支えるため、当初の設計を変更。螺旋階段は途中でブリッジにつないで、ドラゴンのような姿になりました。

幹に巻いたベルトと１本柱で小屋のベースを受けるようにした。枝張りを邪魔しないように、いかに樹間にとけこむかがテーマとなった

例によってすべての壁に窓を。眼下に池が広がるので、船のキャビンにいるような気分。ソファと簡易ベッドで2人は泊まれるだろう

木に登ったベッド

場所：リュベロン（南フランス）
木の種類：アレッポパイン
高さ：8m
ベッド：5㎡

　ツリーハウスがほしい！　でも、そんな木もないし、予算もないという人のために造ってみました。そう、これでも充分に木のなかで快適に暮らせるのです。

　この樹上ベッドは、10mくらいの高さの木があればセットできます。2m四方のマットレスは湿気の心配もなく、寝ころんで読書したり、星降る下で羽根布団をかぶり眠りにつくことも……。気分はイタロ・カルヴィーノの『木のぼり男爵』。～「月は夜更けて昇り、梢の上に輝いた。シジュウカラは丸くなってねぐらで眠る……」。

フェンスは頑丈に作った。寝相のわるい人もいるので。
使わないときは防水シートでしっかりとくるんでおく

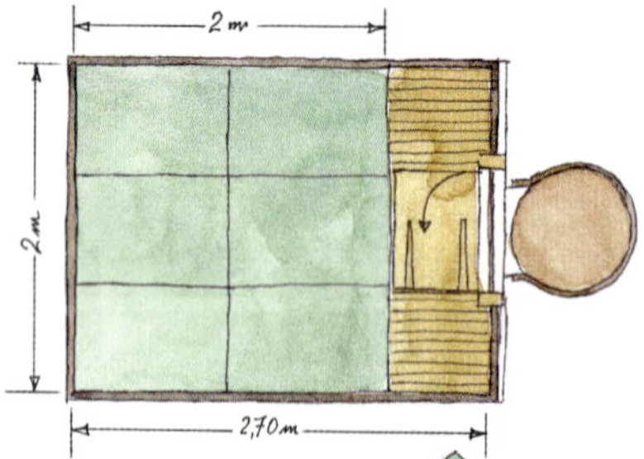

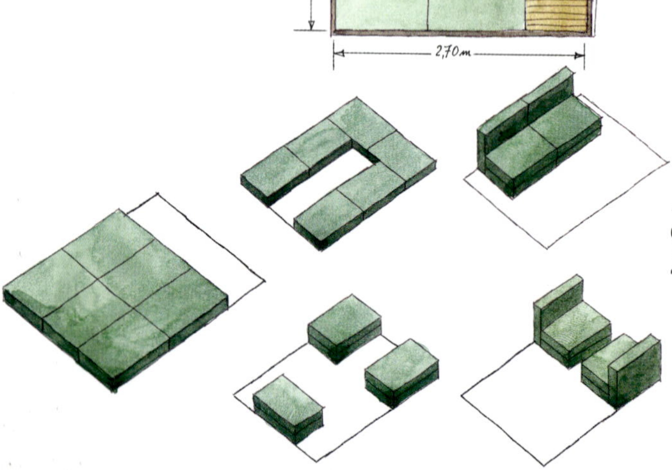

ベッドのマットレスはクッションを6個つないで作る。ふだんは図のように分解してソファや椅子にして“樹上のカフェ”に

このツリーベッドは、ほとんど木に負担をかけていない。重量はすべて梯子にかかるようにし、木はベースを固定しているだけ

竹の御殿

場所：リュベロン（南フランス）
木：カシ
高さ：6m
小屋：11㎡
テラス：5㎡

オーソドックスな工法で造った竹の小屋。我々のチームがいつか作りたいと思っていたアジアン・スタイルの小屋です。

竹建築のスペシャリストであるゲリー・ラングレの協力を得て、竹をふんだんに取り込んだことで、落ち着きのある独特の雰囲気をかもしだしています。フランスにいながら、ヴェトナムの夢を見たいという人にお勧めです。

太陽をかたどった天窓から射し込む陽光……。室内もすべて竹造り。壁も天井も竹を編み込んだ目地仕上げになっている。窓も竹の格子を組み込み面白いデザインに。ゆったりしたダブルベッドを据えたが、畳を敷いてもいい

緑の世界に溶け込んだ「竹の御殿」

我がツリーハウス工房

前列：ギスラン・アンドレ、ニコラ・モロー、ベッティーナ・バウアー、コンスタン・デイアナ、エメ・バレ
後列：ピエール・ネーグレ、アラン・ロラン、ダニエル・デュフール（写真なし：マチュー・アダムスキー）

目下、次の注文に応じて新たな螺旋階段を製作中

アトリエの全景。左手前には横引きノコ。そばに置いてあるのは小屋の根太。
その奥に螺旋階段を造るスペース。右手は小物や装飾品、備品を作る細工場

階段のステップを組み立てるため接着、切り込みが入れられた側桁

螺旋階段の側桁を型に当てて曲げているところ。螺旋の口径は物件によって異なるため、そのつど階段のカーブに合わせる

型から取り外した階段の側桁は恐竜の骨のよう

ツリーハウスで夢をみる
VIVONS PERCHÉS

著者　アラン・ロラン & ダニエル・デュフール & ギスラン・アンドレ

訳者　日本ツリーハウス研究会 & 山瀬千晶

発行所　株式会社 二見書房
東京都千代田区三崎町 2 －18 －11
電話 03(3515)2311 営業
03(3515)2313 編集
振替 00170-4-2639

編集　浜崎慶治

カバーデザイン　ヤマシタツトム

印刷／製本　図書印刷 株式会社

落丁・乱丁本はお取り替えいたします。定価は、カバーに表示してあります。

ISBN978-4-576-07112-1
http://www.futami.co.jp